L'AUTORITÉ PATERNELLE

ET

LE TEMPS PRÉSENT

PAR

JULES LACOINTA

ANCIEN MAGISTRAT DE LA COUR DE CASSATION
AVOCAT A LA COUR D'APPEL DE PARIS

EXTRAIT DU *CORRESPONDANT*

PARIS

JULES GERVAIS, LIBRAIRE-ÉDITEUR
29, RUE DE TOURNON, 29

1884

L'AUTORITÉ PATERNELLE

ET

LE TEMPS PRÉSENT

PAR

JULES LACOINTA

ANCIEN MAGISTRAT DE LA COUR DE CASSATION

AVOCAT A LA COUR D'APPEL DE PARIS

EXTRAIT DU *CORRESPONDANT*

PARIS

JULES GERVAIS, LIBRAIRE-ÉDITEUR

29, RUE DE TOURNON, 29

1884

L'AUTORITÉ PATERNELLE

ET LE TEMPS PRÉSENT

Comme à toute association, l'ascendant d'un chef est indispensable à la famille ; le père a une autorité qui lui est propre, autorité d'un caractère immuable, universel, supérieur aux fluctuations des lois positives. Le législateur n'a pas à organiser la famille ni à déterminer arbitrairement les prérogatives de la paternité ; sa mission se borne à les constater, sans les élargir ou les restreindre. La puissance paternelle, suivant l'expression de Portalis, est un *droit fondé sur la nature et confirmé par la loi.* « C'est surtout dans un État libre, a dit Maleville au Conseil d'État, qu'il faut donner un grand ressort à l'autorité paternelle, parce que c'est d'elle que dépendent principalement la conservation des mœurs et le maintien de la tranquillité publique... Quelle tension ne faudrait-il pas dans un gouvernement qui serait obligé de surveiller tout par lui-même et qui ne pourrait se reposer sur l'autorité des pères de famille pour suppléer les lois, corriger les mœurs, préparer l'obéissance ! »

Quand la société est atteinte dans ses forces vives, aucun des principes tutélaires de son existence ne demeure intact. Tous sont, en effet, rattachés entre eux par un lien étroit. Le culte de Dieu, le règne de la liberté et de la justice, la forte constitution de la famille, sont tellement nécessaires à l'ordre social, qu'on ne peut attaquer l'un de ces éléments, altérer l'une de ces sources de vie, sans tout pervertir, tout corrompre.

La diminution ou l'anéantissement du respect envers les parents, l'insoumission des enfants, sont l'une des causes les plus graves de la décadence des peuples. Chez nous, la loi elle-même, profanant son titre sacré, en accélère les progrès : la nouvelle réglementation de l'enseignement primaire offense à la fois la majesté divine et la puissance paternelle ; de regrettables dispositions, insérées dans un projet de loi, qui eût pu assurer, sans critique et d'une manière excellente, la protection de l'enfance, vont fournir à l'oppression des consciences, à l'arbitraire, des facilités qui seront funestes, engendreront d'inévitables abus au détriment des prérogatives de la paternité; tout concourt à saper les bases qui leur servent de fondement.

Mieux que les plus complets développements, que les théories les plus exactes, les faits témoignent du dommage causé à ce principe supérieur, lorsque le pouvoir, s'ingérant dans la direction imprimée par le père à ses enfants, refuse à son autorité, si cette direction déplaît à l'omnipotence de l'État, l'assistance qui lui est due. Des circonstances récentes méritent, à ce point de vue, d'être racontées. Écartant toute désignation de personnes, même de lieux, désireux de conserver à notre récit le caractère élevé qui lui appartient, nous essayerons de dire à quel point a été délaissé un père, dénonçant aux agents du pouvoir le détournement de son fils. Si nous n'étions descendus à ce degré de prostration qui rend les peuples insensibles à toutes les hontes et éteint en eux toute fierté morale, notre exposé, non seulement exciterait de généreuses émotions, mais provoquerait l'élan le plus sympathique de la part de ceux qui gardent au cœur le sentiment du droit.

I

La femme L..., atteinte d'une très grave infirmité et soignée depuis près de huit ans dans l'un des hôpitaux de Paris, avait exprimé le désir d'être amenée à un lieu de pèlerinage, pour y implorer sa guérison. Grâce au concours de personnes charitables, le voyage put s'effectuer.

Cette femme pauvre, animée de sentiments pieux, fut conduite, le 22 août dernier, à Lourdes, accompagnée de son fils François, âgé de douze ans. L'enfant remarqua avec émotion la sollicitude dont sa mère était l'objet et se sentit attiré vers les religieux dont elle reçut les bénédictions; il manifesta même le désir de ne pas les quitter et d'être placé sous leur patronage.

Doux et intelligent, il parut digne d'intérêt, et ce fut de grand cœur qu'on se montra disposé à l'accueillir.

Sa mère malade et son père, cocher à Paris, étaient hors d'état de s'occuper eux-mêmes de son éducation. Une sœur aînée de l'enfant avait eu à souffrir de l'éloignement de l'un et de l'autre. Néanmoins les religieux, à la bienveillance desquels on s'adressait, répondirent, tout en témoignant les meilleures dispositions, « qu'il ne suffisait pas que sa mère et François le voulussent, qu'il fallait surtout le consentement du père, que ce consentement devant être bien libre, bien explicite, il fallait que l'enfant revînt à Paris et qu'alors le père manifesterait sa volonté, après y avoir mûrement réfléchi ».

L'enfant repartit dès lors avec sa mère ; le sieur L... fut informé de ce qui s'était passé, à Lourdes ; il apprécia le souhait de l'enfant, et après quelques semaines, au commencement d'octobre, il prit le parti de confier l'éducation de son fils aux religieux qui avaient éventuellement déclaré accepter ce mandat.

Le 12 octobre, il conduisit lui-même l'enfant à la gare du chemin de fer d'Orléans, à Paris, et le recommanda, tant au conducteur du train qu'à une personne qui allait faire route avec son fils. Le jeune François, objet pendant le voyage d'excellents procédés, arriva, le 13, à une première destination ; il fut attendu à la gare par un religieux et reçut l'hospitalité, durant près de vingt-quatre heures, dans la ville où il s'était arrêté.

Le lendemain, dimanche, 14 octobre, à quatre heures du soir, il fut ramené à la gare par deux personnes sûres, et partit pour la localité où devaient le recevoir les religieux, auxquels son père le confiait.

Ce fut en vain qu'on l'attendit. Exactement rendu à la gare, au moment de l'arrivée du train, d'où il savait que le jeune François devait descendre, le frère G... ne l'aperçut pas. L'anxiété fut très vive ; sur toute la ligne parcourue, les chefs de stations furent interpellés ; on n'avait pas vu l'enfant. L'un des religieux se livra personnellement aux plus actives recherches, sans découvrir aucune trace du jeune François.

Huit jours après seulement, on apprit que l'enfant avait été entraîné jusqu'à une ville plus éloignée et y était retenu.

A peine, en effet, était-il entré dans le wagon qu'il avait été remarqué par un individu qui voyageait, comme lui, dans un compartiment de troisième classe, voisin du sien ; l'inconnu l'avait observé et, ayant constaté qu'il n'était pas accompagné, avait franchi la barrière qui séparait, dans le même wagon, les deux compartiments et l'avait accablé de questions. François L... ne s'était pas refusé à faire connaître toutes les circonstances de son voyage, et aussitôt l'inconnu avait dénigré la résolution du père et recouru à toutes sortes d'insinuations pour éloigner l'enfant de la destination qui lui avait été assignée ; il affirma qu'il n'y avait plus de religieux, qu'ils avaient été tous expulsés et qu'il n'en rencontrerait aucun.

Cet homme s'était présenté comme un protecteur, appelé à prémunir l'enfant contre les conséquences pénibles de la résolution prise par son père..

Ayant su, par le jeune François, que les religieux devaient l'attendre à l'arrivée du train, cet homme, auquel une haine profonde contre la religion et ses ministres avait aussitôt inspiré le dessein de détourner François L... et de faire échouer le projet qu'il venait d'apprendre, avait combiné ses dispositions. On sait que les personnes qui attendent un voyageur se placent d'habitude aux abords de la porte de sortie. On sait aussi qu'il est un moyen, un seul, d'éviter le passage par cette porte, c'est de se rendre au buffet, à la descente du train. L'inconnu n'y manqua pas; pendant que l'on attendait en vain l'enfant, il le conduisait dans la salle du buffet. C'est ainsi que le billet de place est resté entre les mains de François L..., circonstance décisive pour démontrer que celui-ci a été empêché de se rendre là où il était attendu.

L'arrêt du train, qui continue sa marche, fut d'environ trente-cinq minutes. Cet intervalle de temps s'étant écoulé sans que l'enfant eût paru, le frère G... s'était retiré avec chagrin, en compagnie d'un jeune homme qui s'était livré aussi à d'inutiles recherches; l'inconnu, réalisant son plan, après avoir pris pour l'enfant un billet à destination de sa propre résidence et avoir fait enregistrer pour cette ville la malle du jeune François, avait poursuivi sa route... « Un blême oiseleur avait pris dans son filet l'âme du pauvre enfant... »

Dès que cet individu eût connaissance des recherches motivées par la disparition du petit voyageur, il prit l'audacieux parti de lui dicter une communication destinée au père, à Paris.

Le fils respectueux et dévoué qui, dès le 13 octobre, avait, de sa première étape, adressé au sieur L... une lettre parfaite, exprimant sa satisfaction et la joie qu'il aurait « à retrouver bientôt le bon religieux qu'il avait déjà vu à Lourdes », subissait alors l'influence de détestables excitations.

Depuis huit jours, le sieur L..., animé de sentiments honnêtes, profondément attaché à son enfant, vivait, de son côté, dans des transes cruelles; il se hâta d'adresser d'abord au ravisseur, par voie télégraphique, l'invitation formelle de ne pas retenir François un instant de plus, puis à François lui-même, le 21 octobre, un télégramme ainsi conçu :

« Ton X... est un infâme imposteur; je le lui dirai; tu rentreras; la lettre est du voleur d'enfant. »

Ce télégramme aurait produit une vive impression sur le jeune François, s'il l'eût connu; aussi le sieur X... n'hésita-t-il pas à détourner la dépêche, dont le fils L... n'eut connaissance que trois semaines après.

L'un des religieux, ayant reçu du sieur L... une lettre le priant d'aller reprendre l'enfant, accourut, le 27 octobre, muni de ce document.

Le sieur X... feignit la fureur, proféra contre le visiteur les plus grossières injures, se jeta sur lui, se saisit violemment de la lettre qui renfermait le témoignage des volontés paternelles, la mit en pièces et, s'armant d'une grosse barre, menaça, à deux reprises, le religieux de lui fendre la tête. Celui-ci, contraint de se retirer, se rendit chez le commissaire central, auquel il fit l'exposé de ces violences et qu'il pria d'ordonner la restitution de l'enfant. Ce fonctionnaire faisait à une réclamation si juste un accueil bienveillant, lorsque le sieur X... survint et déclara qu'il avait des lettres du préfet, l'autorisant à ne pas remettre l'enfant (langage évidemment inexact); le commissaire central dit alors qu'il ne pourrait faire rendre le jeune L... que si le religieux se présentait, muni d'une autorisation formelle du père. Sur la demande adressée au fonctionnaire de donner lui-même la formule de cette autorisation, pour prévenir toute difficulté ultérieure, le commissaire central dicta le texte du projet de déclaration qu'il réclamait. A l'instant, le religieux expédia à Paris cette formule, en priant le père de se conformer immédiatement, s'il le jugeait convenable, à ces indications.

Le religieux, rentré à sa résidence, repartit, le 2 novembre, porteur d'une autorisation sur papier timbré, écrite en entier de la main du sieur L... et libellée comme suit : (*copie textuelle de la formule donnée par le commissaire central*) « M. L... L... autorise et veut que le (*nom du religieux*) reprenne de suite son fils, François L... L..., que M. X... a détourné de son chemin, sans aucune autorisation de son père. M. L... L... ne veut, à aucun prix, que son enfant reste à .... — Approuvé l'écriture, L... L... père, *signé*.

« Paris, le 29 octobre 1883.

« Vu pour certification matérielle de la signature du sieur L... apposée ci-dessus.

« Paris, le 29 octobre 1883.

« Le commissaire de police. » (*Signature de ce fonctionnaire, accompagnée de l'empreinte de son sceau officiel.*)

En présence d'un tel document et des circonstances qui en avaient précédé la rédaction, le religieux arrivait, légitimement convaincu que la demande allait être aussitôt accueillie, que l'enfant, détourné depuis vingt jours déjà, lui serait immédiatement rendu. Le commissaire central n'avait-il pas dit : « Apportez-moi la demande du père, formulée comme je l'indique et avec sa signature légalisée; je vous ferai rendre l'enfant. » Oui, il l'avait dit ; mais, depuis le 28 octobre, ses dispositions s'étaient modifiées, et, non sans quelque embarras, il déclara qu'il ne pouvait intervenir, qu'il fallait que le religieux se pourvût en référé devant le président du tribunal civil, dont le siège est à une vingtaine de kilomètres de la résidence du sieur X.

Les plus généreux efforts étaient ainsi rendus infructueux ; le religieux dut s'éloigner, le cœur navré ; mais il tint à ne pas quitter une seconde fois la localité sans avoir vu l'enfant.

Le sieur X..., qui l'avait gardé chez lui jusque vers le 27 octobre, l'avait placé chez un sieur Z... C'est là que le religieux se rendit, accompagné de deux témoins, pour visiter François L... Il parvint à le voir quelques instants et constata la douloureuse transformation déjà accomplie en lui sous l'influence du régime odieux qu'il subissait. Il apprit, en même temps, qu'à l'aide de renseignements obtenus du jeune L..., le sieur X... avait eu connaissance de l'irritation témoignée contre le père, à cause de ses sentiments religieux, par une personne en relations avec la famille ; exploitant cette indication, il s'était mis en rapport avec la personne désignée, et celle-ci, qui, pendant les angoisses du père, osait fournir des renseignements pour le diffamer. Le sieur X... ne cessait de proférer, à satiété, sur son compte, en présence du fils, les propos les plus offensants.

Pour mieux exciter l'insoumission du jeune François, une lettre personnelle, venue de cette source, au lieu de lui confirmer l'ardent désir du père de le voir rentrer sous son toit, lui mandait la communication suivante, destinée à servir les plans du sieur X... «... Hier, j'ai vu ton père ; il ne veut pas entendre parler que tu reviennes à Paris..., ou s'il te fait revenir, c'est pour t'enfermer à la Roquette jusqu'à vingt et un ans... » Jamais la pensée de châtier l'enfant, qui n'avait, à aucune époque, encouru ses reproches, n'était venue à l'esprit du père : sa juste colère n'éclatait qu'envers les coupables qui le retenaient.

Le jour même de sa seconde visite, le religieux adressa aux sieurs X et Z une énergique protestation.

A la nouvelle de l'insuccès de cette dernière démarche, le sieur L... avait senti sa douleur s'accroître. Dénué de ressources, il ne pouvait ni intenter un procès ni se rendre près de son fils. Ainsi l'autorité paternelle était impunément méconnue en sa personne ; sur le sol national, un père réclamait en vain que son fils fût retiré, pour lui être rendu, des mains de l'homme qui l'avait détourné !

Après le second voyage du religieux, le sieur X... avait dicté à l'enfant, le 6 novembre, une lettre adressée par lui à son père et dans laquelle on lui faisait dire ce qui suit : «... Je viens te prier instamment, si tu me portes un peu d'intérêt (*sic*), de rejeter au loin et absolument toutes les propositions qui pourraient être faites à mon égard, en vue de me détourner de la bonne voie dans laquelle je me trouve;..... car, malgré tout le respect et l'amitié que j'ai pour toi, tu me mettrais dans la pénible nécessité de te désobéir;..... je te prie, pour une dernière fois, de ne plus m'envoyer aucun de ces affreux religieux; je n'en veux plus voir, à aucun prix. » Tel était le langage *dicté* par un ennemi de toute idée religieuse à un enfant de douze ans s'adressant à son père !

II

On ne voulait pas cependant se résigner à désespérer de la justice. Le 9 novembre, le sieur L... transmettait au procureur de la république la plainte suivante, écrite en entier de sa main :

« Mon fils, François L... L..., âgé de douze ans [1], a été conduit par moi, le 12 octobre dernier, à la gare du chemin de fer d'Orléans ; il est parti à destination de ....., avec un billet d'indigent donné par la Compagnie du chemin de fer d'Orléans; il était attendu, en gare de ....., par les personnes à qui je voulais le confier. Arrivé à ....., il a été détourné de son chemin et enlevé par un personnage, du nom de X..., qui demeure à ....., rue ....., n° ..... Cet homme, par ses mauvais conseils, m'a enlevé mon enfant et l'a confié, sans mon consentement, à un nommé Z..., rue....., à ..... J'ai l'honneur, monsieur le procureur, de vous supplier de me faire rendre immédiatement mon enfant, qui devra être remis à M. B..., demeurant à ....., rue....., n°....., ou à la personne déléguée par lui, et je suis convaincu que vous allez poursuivre, conformément aux lois, les sieurs X... et Z... qui ont eu la hardiesse de détourner mon enfant.

« Recevez, etc., L... L..., père, *signé*, cocher, rue ..., n° ..., Paris. »

Cette plainte fut remise, le 10 novembre, au parquet du procureur de la république compétent, par un homme dont la vie entière a été consacrée au bien ; l'un des substituts en prit connaissance, en même temps que d'une lettre adressée par un ancien magistrat au vénérable intermédiaire. Voici les termes de cette lettre, qui signalait l'urgence des mesures à prendre :

« Paris, le 9 novembre 1883.

« Cher Monsieur,

« Un enfant a été détourné par les gens désignés dans la plainte ci-jointe, et, — chose à peine croyable, — ils refusent de le

---

[1] Né à Paris, le 23 janvier 1871.

rendre au mandataire de son père ! Le commissaire central de...., après avoir exigé une déclaration écrite du père, est demeuré impuissant, *cette déclaration une fois produite*.....

« Ce fonctionnaire aurait dû dresser procès-verbal sur-le-champ, et une instruction aurait été certainement ouverte. Le père indigent ne peut aller à.....

« Ayez l'obligeance de remettre à M. le procureur de la république la plainte ci-jointe du sieur L....., qui réclame *immédiatement* son enfant et demande les poursuites commandées par la loi.

« Je compte sur vos bons soins pour que l'enfant soit aussitôt renvoyé à son père. Vous voudrez bien me dire si une instruction va être requise ; ma longue expérience des affaires criminelles ne me permet pas d'en douter. S'il y a lieu de réprimer le vol de bagages sur les voies ferrées, il est bien plus essentiel de châtier sévèrement le détournement d'un enfant voyageant en chemin de fer, alors surtout que la hardiesse est poussée au point de refuser au père le mineur ainsi détourné.

« Veuillez agréer, etc. »

« *P. S.* Le pauvre père L... L... sort de chez moi ; sa douleur est poignante. Il ne comprend pas comment, en France, l'autorité prévenue, des gens qui ont enlevé un enfant à son père peuvent refuser de le lui rendre ! C'est, en effet, inouï !

« L'urgence, vous le voyez, est extrême. L'irritation du père est extrême aussi.

« Le parquet va mettre fin télégraphiquement, je le pense, à ce grand scandale et commencer les poursuites. »

Le substitut, dans une réponse très laconique, promit d'écrire, le soir même, au commissaire central de la ville où l'enfant était retenu. Sur l'avis donné par le visiteur qu'il se représenterait, le surlendemain lundi, pour connaître la décision, l'officier du parquet insista, à cause de la férie du dimanche, pour que la nouvelle entrevue fût différée au mardi. Il était indispensable cependant qu'une solution intervînt promptement ; les investigations destinées à éclairer des plaintes de cette gravité ne comportent aucun atermoiement ; la police judiciaire ne chôme jamais.

Le mardi 13 (aucun détail n'est à négliger dans une telle affaire), le digne correspondant se rendit au parquet ; il s'entretint avec un autre substitut, de nomination moins récente que le précédent et qui dirigeait le service, en l'absence du procureur de la république. Ce représentant de l'autorité déclara ne rien savoir de l'objet de la visite ; il fallut le mettre au courant ; tout en réservant sa décision jusqu'après une conférence avec son collègue, il se montra très disposé à seconder le désir du père; toutefois, l'avis du commissaire central lui parut nécessaire, et les choses n'étant pas plus avancées que trois jours avant, il fut entendu que ce fonctionnaire serait invité à fournir des explications. Cet entretien avait lieu dans la matinée; le visiteur revint dans la soirée, ainsi qu'il avait été convenu; après avoir attendu jusqu'à six heures et demie la fin d'une audience correctionnelle, il se trouva en présence des deux substituts; on lui fit connaître que le commissaire central n'avait adressé aucune réponse; il répliqua que ce silence lui paraissait étrange dans une cause de cette gravité. Force ne fut pas moins d'attendre les renseignements, qui auraient dû être réclamés dès le 10!

Le 15 novembre au soir, le charitable visiteur revint au palais et reçut du premier substitut la réponse que nous allons résumer : L'enfant a été recueilli dans un but charitable par le sieur X..., qui l'a placé en apprentissage chez le sieur Z... Le jeune François s'y trouve à merveille; le commissaire central l'a engagé, le parquet pourra l'engager encore à retourner chez son père; mais on n'exercera aucune poursuite, aucune contrainte; on se bornera à une action morale; on ne pourrait prendre un rôle actif que si le père obtenait une ordonnance du président du tribunal, l'autorisant à faire arrêter son fils, à le faire conduire par la force publique à Paris ou à l'incarcérer; dans ce cas seulement, le parquet interviendrait pour faire exécuter l'ordonnance. Néanmoins, avant de solliciter une telle mesure, le père ferait bien de réfléchir aux limites que son autorité pourrait rencontrer dans la loi sur *l'apprentissage*.

Inutile de reproduire toutes les observations que cette réponse provoqua : sur les faits d'abord, — sur le refus de l'autorité de prêter son concours à l'exercice des droits incontestés du père, dépouillé depuis plus d'un mois de toute action par rapport à son enfant, — sur la théorie d'amoindrissement des droits paternels, tenus en échec par une prétendue mise en apprentissage, émanée de celui-là même dont le père dénonçait le méfait! — « Mais, reprit l'un des substituts, nous sommes en présence de gens connus et savons-nous ce qu'est L...? » — « Un homme du peuple, monsieur, fut-il répondu, un homme de travail dont l'identité est constatée officiellement par la légalisation du document dont le commissaire central a fourni le modèle et, d'une façon non moins rassurante, par l'honorabilité de l'ancien avocat général à la Cour de notre ville, qui m'a prié de déposer la plainte et m'a adressé la lettre dont j'ai donné, il y a cinq jours, communication; lui et moi, nous sommes, me semble-t-il, des garants suffisants; je

m'étonne que, dans le temps où nous vivons, ce que l'on ne refu-
serait pas à un homme riche et puissant, fasse un doute pour un
pauvre cocher de fiacre, à qui ses ressources ne permettent pas
un long voyage. » — « Je ne dis pas, repartit le substitut, que
l'ouvrier n'ait pas le même droit que tout autre à la justice ; mais
enfin, c'est à lui à se mettre en règle, comme les autres, et si vous
portiez une ordonnance du président... » — « Monsieur, répliqua
le visiteur, je ne sais ce que je ferais ; je me suis acquitté de mon
mandat, en déposant la plainte d'un honnête père de famille ; ce
sera à lui maintenant à voir ce qu'il aura à faire, en présence de
votre refus de concours. »

Ainsi se termina cet entretien fidèlement résumé et qui constatait
une fois de plus, de la part de la justice, un aveu d'impuissance.

A la nouvelle des démarches faites auprès du parquet, les gens
contre lesquels les plaintes étaient formées avaient éprouvé un
sentiment de crainte ; mais, dès qu'ils s'aperçurent de l'échec
probable des efforts que l'on venait de réitérer, ils s'enhardirent de
nouveau. Le 14 novembre, le sieur X... écrivait au sieur L...,
« afin de lui faire part, au nom de son fils, du chagrin que lui
causaient les visites que ne cessait de faire M. le commissaire
central chez le sieur Z... et du mauvais effet produit sur celui-ci
par de semblables démarches. François, ajoutait-il, me charge de
vous prier de les faire cesser... Il me dit encore : si papa me
force à retourner à Paris, j'obéirai ; mais je ne consentirai jamais à
aller avec les pères religieux, quels qu'ils soient. »

Après trente-trois jours d'efforts, le sieur L... père était réduit à
cette situation : son fils, subissant une détestable influence, trop
faible à douze ans pour s'en affranchir, ne pouvait, par lui-même,
recouvrer la liberté ; en dépit de toutes les réclamations, il était
retenu à une grande distance du foyer paternel et loin de ceux
auxquels, pour le bien de toute sa vie, le sieur L... avait voulu
le confier ; le parquet, après cinq jours de délai, déclarait ne
pouvoir intervenir ; pour saisir le président d'une requête (en ad-
mettant qu'une telle procédure fût nécessaire), il fallait, soit exposer
des frais que le père était hors d'état d'avancer, soit laisser s'écouler
le temps encore long, nécessité par l'instruction d'une demande
d'assistance judiciaire ; et pendant tous ces atermoiements, la moralité de l'âme la plus chère au cœur paternel subissait d'irrémé-
diables dommages !

Deux buts étaient à atteindre : provoquer la répression d'un
audacieux méfait ; mais l'inaction du parquet déconcertait, en ce
moment, tous les efforts ; — ramener l'enfant chez son père, le
retirer des mains entre lesquelles il était tombé ; c'était le but

principal, la sollicitude qui dominait toute autre, la préoccupation première devant être forcément ajournée. Il fallait, à tout prix, arracher cette victime au milieu qui refusait de s'en dessaisir.

Le sieur L.... vivait dans une tristesse indicible; le cœur d'un père pauvre a des élans d'une noblesse égale à celle de la personne la plus comblée des dons de la fortune. Son existence était devenue vraiment douloureuse. Sa femme mourante réclamait l'enfant qu'avant de s'éteindre, elle croyait avoir eu le bonheur de placer sous la plus salutaire direction; le père, de son côté, se hâtait, le soir, après ses rudes journées de travail, d'arrêter quelques instants son véhicule à la porte de ceux qui s'intéressaient à son malheureux sort pour leur demander si enfin ce fils bien-aimé lui serait rendu... Il fallait calmer l'excitation croissante engendrée par une si légitime anxiété. Il lui arrivait de concevoir de terribles desseins contre les gens qui bravaient son autorité et ajoutaient, à cette violation d'une loi des plus saintes, d'ignobles outrages proférés contre lui-même devant son fils, outrages que nous n'oserions reproduire. Si cet homme, entraîné par une douleur délirante, était allé porter un coup mortel au ravisseur de son enfant, le devoir de la justice eût été de le traduire devant une juridiction criminelle, et il eût dû être condamné; mais, nous le demandons, est-il sûr qu'on eût obtenu d'un jury un verdict de condamnation?

Il importait avant tout, disons-nous, de ramener l'enfant; l'unique moyen, malgré les résistances à craindre, dépendait d'un voyage du père, allant lui-même réclamer le fils que les autorités de son pays déclaraient ne pouvoir lui faire rendre. Dénué de ressources, il était dans l'impossibilité de réaliser, par ses seules forces, ce dessein. Une respectable bienfaitrice, à qui déjà la famille L... était redevable du bienveillant accueil promis par les religieux, se chargea de pourvoir à toutes choses; aidée du concours d'un membre de la Chambre des députés, dont le cœur est ouvert aux généreuses inspirations, elle facilita le voyage du père. Les conseils les plus pressants lui furent donnés pour qu'il contînt son indignation et qu'il évitât tout conflit avec les gens en présence desquels il allait se trouver.

Le 26 novembre, il arrivait inopinément chez le sieur Z..., guidé par un homme plein de bonté et dont le dévouement s'était déjà affirmé pour lui; le sieur L... réclama son fils; l'enfant parut; la seule vue de son père suffit à l'affranchir de la domination qu'il subissait depuis quarante-trois jours. Le sieur Z..., témoin de cette rencontre, ne songea pas à résister; il se confondit en excuses, rejetant sur le sieur X..., dont il exposa amplement l'odieuse conduite, toute la responsabilité de cette grave affaire. Suivant la recommandation qui lui avait été faite, le sieur L... ne s'attarda pas dans la ville où il s'était rendu; il se hâta de revenir par le premier train dont le départ suivit l'accomplissement de sa tâche; dans la nuit du 27 au 28 novembre, il rentrait à Paris, avec l'enfant si longtemps détourné.

- La mère put, avant de mourir, embrasser le fils dont elle ne cessait de réclamer le retour; brisée par de longues et cruelles souffrances physiques, en dernier lieu, par les émotions de cette cruelle attente, elle s'éteignit presque immédiatement après l'arrivée de son mari et de son fils, avec la joie, malgré les dommages que sa tendresse ne lui permettait pas de discerner, de voir l'enfant rendu à son père.

Une cérémonie funèbre fut le couronnement de ces six semaines de douleur.

Pendant ce temps, un excellent collègue du député qui était venu en aide au sieur L..., avait bien voulu faire une démarche auprès de la chancellerie pour mettre fin à l'inaction que nous avons exposée. L'enfant arrivait à Paris, au moment où l'on était informé que le ministère de la justice ne pourrait intervenir d'office et qu'il ne provoquerait des explications que sur une plainte écrite. Le sieur L... en avait déjà formé plusieurs en vain. Après la déclaration expresse du parquet qu'aucune poursuite ne serait exercée, il n'appartenait désormais qu'au sieur L... d'introduire une instance devant les tribunaux compétents. C'est ainsi qu'une affaire qui aurait dû être traitée télégraphiquement par les représentants de l'autorité publique et terminée en vingt-quatre heures, avait rempli quarante-trois jours, sans que le ministère public fût intervenu, sans qu'aucune action eût été intentée, qu'aucune instruction eût été ouverte...

III

Nulle juridiction répressive ne peut être saisie, dans cette cause, à défaut de l'initiative du parquet. Si le fait constituait un délit, la partie civile pourrait agir directement devant le tribunal correctionnel; mais le fait est un crime : « Quiconque, énonce l'article 354 du Code pénal, aura, par fraude ou violence, enlevé ou fait enlever des mineurs, ou les aura entraînés, détournés ou déplacés, ou les aura fait entraîner, détourner ou déplacer des lieux où ils étaient mis par ceux à l'autorité ou à la direction desquels ils étaient soumis ou confiés, subira la peine de la réclusion. » La Cour d'assises ne pouvant être saisie de la connaissance de crimes de droit commun que par un arrêt de la chambre des mises en accusation, l'impunité, au point de vue répressif, paraît actuellement assurée à ce méfait. Quand la loi a permis, d'une part, à toute personne lésée de déférer la poursuite d'un délit au tribunal correctionnel et a, d'un autre côté, interdit ce droit par rapport aux crimes, c'est qu'on demeurait persuadé que si, dans certains cas, le ministère public pouvait se désintéresser de la répression d'un délit, il ne s'abstiendrait jamais de poursuivre un crime, d'en éclairer tout au moins les circonstances, sur une plainte formelle, à l'aide d'une instruction régulière. Ici, c'est l'énormité même de l'action dénoncée qui la fait, quant à présent, échapper à l'atteinte des lois pénales, rien ne pouvant suppléer l'initiative du parquet et l'arrêt de renvoi. Mais restait la voie civile, et le sieur L... a rempli un devoir auquel il ne devait point se soustraire, en cherchant à faire constater par une sentence judiciaire les circonstances qui viennent d'être rappelées et, si irréparable que fût le préjudice, en essayant de demander un imparfait dédommagement.

Le préjudice est immense, en effet : un enfant, d'une irréprochable moralité, animé de sentiments excellents, était envoyé à des religieux qui se chargeaient de son éducation; en route, un homme l'a détourné de sa destination et a, pendant plus de quarante jours, flétri cette jeune intelligence des récits les plus odieux. Chaque soir, aussi bien pendant le séjour de François L... sous son toit que pendant le mois qu'il a passé chez le sieur Z..., chaque soir, non seulement devant le jeune François, mais encore devant sa femme et ses propres enfants, le sieur X... s'acharnait à raconter tout ce qui pouvait inspirer du mépris, de l'horreur envers la religion et ses ministres; nous ne pourrions songer à consigner ici les faits, les anecdotes dont il souillait l'esprit de ses auditeurs, toujours pour assouvir la haine dévorante qui l'excitait contre les prêtres, les religieux, indiqués dans ses relations comme s'étant livrés aux actes les plus criminels, séquestrations, assassinats, tortures, méfaits de tout genre...

C'était le sujet constant de ses entretiens, la satisfaction donnée à ses instincts d'ennemi des idées religieuses. Il faisait chaque soir des lectures dans cet ordre d'idées, s'arrêtant pour insister sur les imputations les plus violentes, aidé du concours de sa femme; elle les accompagnait, en effet, des commentaires imaginés par les vils industriels qui vont colporter dans les foires, avec la tolérance du pouvoir, les infâmes exhibitions destinées à tromper et corrompre le peuple; sa mémoire, servie par une ardeur égale à celle de son mari, reproduisait ces repoussantes élucubrations.

Que restera-t-il, dans les souvenirs de ce fils de parents chrétiens, des turpitudes étalées avec le désir ardent d'en faire jaillir le mépris du christianisme. Qu'en restera-t-il, au point de vue de sa foi, de son avenir? C'est ce que nul ne peut apprécier avec certitude aujourd'hui. Ce qui est indubitable, c'est la gravité du fait, et quand on pense que tel a été le résultat d'un voyage accompli pour envoyer ce fils à l'école de la vertu, quand on réfléchit à ce contraste du mal advenu par suite d'un crime et de la perte du bien qui était réservé à l'enfant, on peut dire, sans crainte d'exagération, qu'il n'est point d'indemnité pécuniaire capable de réparer le dommage causé, à la fois, au père et au fils. Les religieux n'ont plus consenti à recevoir, comme ils l'avaient offert, l'enfant éprouvé par une telle persécution et, par conséquent, le bienfait de l'éducation religieuse ne sera pas recueilli par celui qui l'avait vivement désiré.

Si l'on dirige ses regards du côté du père, quelle douleur n'a-t-il pas ressentie! Cet homme, si pauvre qu'il soit, a droit à la liberté de ses convictions; au milieu même du temps où nous vivons, qui oserait lui contester cette liberté? Il est chrétien, respectueux des choses religieuses et entend élever son fils dans la voie qui est la sienne. Un homme s'est rencontré, qui l'en a empêché. Une mère pieuse avait conservé sur son lit d'hôpital, à travers de longues souffrances physiques, les élans d'une foi touchante et méritait les sympathies de nobles cœurs; elle avait rêvé pour ce fils la culture morale et religieuse la plus conforme à ses aspirations. Et voilà qu'un homme, pour satisfaire l'ardeur d'une haine sans frein, a impunément fait évanouir ce rêve sacré et rendu vaines de si généreuses espérances...

IV

Pourquoi les plaintes réitérées du père ont-elles été comme non avenues, absolument inefficaces aux yeux des représentants de l'action publique?

Le principe du respect de l'autorité paternelle est, sans doute, inscrit en tête des préceptes de morale religieuse de tous les peuples. Si le caractère de la prescription était exclusivement religieux, on ne s'étonnerait point, en nos jours d'abaissement, de l'inaction des mandataires du pouvoir. Mais, jusqu'à présent, du moins, cette prescription, inséparable des traditions de l'humanité, est encore, malgré la grave atteinte que lui ont fait subir les lois de la période révolutionnaire, laïque autant que religieuse. « L'enfant, à tout âge, énonce l'article 371 du Code civil, doit honneur et respect à ses père et mère. — Il reste sous leur autorité jusqu'à sa majorité ou son émancipation (art. 372). — Le père seul exerce toute autorité durant le mariage (art. 373). — L'enfant ne peut quitter la maison paternelle sans la permission de son père, si ce n'est pour enrôlement volontaire après l'âge de dix-huit ans révolus (art. 374). » Il suffit, pour se convaincre de l'importance de la prescription au regard de la législation civile, de lire l'exposé présenté au Corps législatif, dans la séance du 23 ventôse an XI, — le rapport fait au Tribunat, le 1er germinal de la même année, — le rapport du Tribunat au Corps législatif, le 3 germinal. « La nature et la reconnaissance présentent au fils les auteurs de ses jours, disait le conseiller d'État Réal, sous l'aspect d'une divinité domestique et tutélaire.....; c'est un culte qu'il leur rend, toute sa vie.....; c'est la *piété filiale* adorant la *piété paternelle*. Voilà, législateurs, les vérités que la nature a gravées dans nos cœurs; voilà son code sur la puissance paternelle. » — Dans la séance du 3 germinal an XI (24 mars 1803), l'orateur du Tribunat, Albisson, disait, de son côté : « L'autorité des pères et des mères sur leurs enfants, que le conflit des lois et l'insouciance du pouvoir législatif minaient depuis des siècles, dont la décadence progressive des mœurs précipitait sensiblement la ruine et que l'esprit révolutionnaire d'insubordination et d'indépendance avait déjà marquée du sceau de la proscription, cette autorité a sa racine dans le cœur même de l'homme et dans sa destination à l'état de société. » Nous rappelons ces paroles pour montrer que le Code civil a consacré, dans les termes les plus explicites, l'exercice et le respect de la puissance paternelle; c'est donc une loi, encore vivante, qui était invoquée par le malheureux père, condamné à réclamer en vain son fils.

L'homme pauvre ne peut faire accompagner, en toutes circonstances, ses enfants pendant leurs voyages; mais ceux-ci sont placés sous la sauvegarde des gardiens de la sécurité publique. Si le parquet doit poursuivre avec empressement toute soustraction de colis, de bagages, accomplie sur les voies ferrées, s'il a le devoir de provoquer le châtiment des violences qui sont exercées contre les personnes, à plus forte raison est-il tenu de veiller sur les enfants, seraient-ils détournés par des gens qui prennent le masque de prétendus sauveurs pour les attirer plus sûrement à eux. Qu'est-ce que le fait de tuer le corps par rapport au fait de tuer l'âme? Aussi, dès la nouvelle du détournement d'un enfant, que cet avis résulte de la plainte des parents ou parvienne d'une manière indirecte, le parquet doit agir sans délai. N'a-t-il pas à poursuivre les crimes que nul ne dénonce, et la connaissance qu'il acquiert d'un méfait ne commande-t-elle pas une vérification immédiate? Quel besoin était-il donc que le sieur L... se plaignît? Le seul avis qu'un enfant avait été entraîné dans un lieu déterminé, malgré la volonté de son père, suffisait à motiver les investigations les plus promptes. Le jeune L... était-il le neveu, le pupille, le protégé, à un titre quelconque, de celui qui l'avait amené? L'enfant n'avait-il pas un père qui le réclamait, et cependant les plaintes qui, dès le premier jour, auraient dû avoir de l'écho, nous ne disons pas dans le cœur, mais dans l'appréciation judiciaire de l'officier du parquet, ces plaintes réitérées ont été écartées. L'une des pensées qui nous afflige le plus dans ce douloureux épisode, c'est que ce cri paternel ait été poussé en vain dans un pays qui se croit libre, sur notre terre de France, où il semble que plus qu'ailleurs les principes, sanctionnés par le concert universel des temps et des peuples, devraient être le mieux respectés.

Pendant les longs atermoiements subis par le sieur L..., le temps s'écoulait, aggravant le mal, faisant déborder dans le cœur du père des angoisses dont l'action du parquet aurait pu si légalement abréger la durée.

Quelle est la réponse faite aux plus légitimes doléances, soit par le commissaire central, soit par les officiers du ministère public? « Nous ne connaissons pas le père. Quel est-il? » Qu'importe, au point de vue du droit? Cet homme est honnête, estimé; des personnes honorables lui servent d'intermédiaires; il exprime sa volonté de toutes manières, notamment par une déclaration, copie textuelle d'une formule donnée par l'autorité et au bas de laquelle sa signature est légalisée par le commissaire de police compétent. S'il avait perdu, en route, un sac de voyage, le plus simple objet matériel, on n'aurait pas, avec raison, été aussi exigeant; au lieu d'une valise, d'une pièce de monnaie, c'est son fils qui est détourné. Chaque jour ajoute à la gravité du crime, et l'on est sourd à ses plaintes. — Au lieu d'être honnête, ce père serait-il indigne, tant que la justice ne l'aurait pas dépouillé de son autorité, quel est l'organe du pouvoir qui serait en situation de lui refuser l'enfant qu'il réclame? Un père indigne aurait résolu de retirer son fils d'un établissement religieux, auquel il l'aurait confié, et il aurait remis ce soin à un intermédiaire, destitué de toute estime, nous le demandons, aurait-on trouvé beaucoup de fonctionnaires qui eussent hésité à accueillir sa requête? Mais le père est honnête, il a choisi des intermédiaires estimés; l'autorité doit-elle demeurer impuissante, à cause de la pensée religieuse qui a inspiré la volonté paternelle? S'il en était ainsi, — nous ne pouvons l'admettre, — ce serait, ajouté à tant d'autres, l'un des signes les plus éclatants d'oppression. La plainte semblable d'un Alsacien, ayant opté pour la France, serait appréciée en Allemagne, comme l'a été celle du sieur L..., que l'on s'élèverait avec indignation contre l'injustice, l'arbitraire du vainqueur; un père appartenant à la classe la plus humble de la société, doit-il être traité, parce qu'il est catholique, plus durement qu'un étranger vaincu?

Le parquet faisait inviter le sieur L... à se pourvoir en *référé*. On comprend cette procédure, lorsqu'un conflit dont la solution est urgente éclate entre deux personnes ayant ou paraissant avoir des droits opposés; on comprend le *référé* entre différents membres d'une même famille se disputant un enfant rattaché à tous par des liens étroits; mais un recours de ce genre entre un voleur et la personne lésée, entre le père, maître de son enfant, et l'individu qui a eu la hardiesse de le détourner, y avait-on jamais songé? Le ministère public, saisi de la dénonciation d'un méfait, renvoie-t-il le plaignant à la juridiction du *référé?* Surseoit-il, avant de poursuivre le recéleur, jusqu'à ce qu'une ordonnance du juge civil ait statué sur le sort de l'objet volé? Si cette réponse, vraiment extraordinaire, avait été faite à un père riche ou possédant tout au moins quelques ressources, — sans cesser d'être, en droit, absolument inadmissible, — elle aurait du moins laissé au plaignant la faculté d'user avec promptitude de cette voie; mais il s'agissait d'un homme pauvre, d'un cocher de fiacre, dépourvu de tout moyen d'avancer les frais de cette instance; la réponse, faite à l'indigent que la loi place spécialement sous la protection du ministère public, était l'anéantissement de ses trop légitimes réclamations. Il eût fallu, pendant les délais de la demande d'assistance judiciaire, c'est-à-dire un mois, deux mois de plus, qu'il laissât se consommer la perversion de son fils.

Une autre réponse a aussi été faite : le père devait se préoccuper des limites assignées à son autorité par la loi sur l'*apprentissage!* Nous ne saurions nous résigner à discuter une telle objection; le ravisseur contre lequel une instruction aurait dû être ouverte, dès le premier avis, place l'enfant chez un tiers; ce placement serait une mise en apprentissage, au sens légal, et le père de l'enfant détourné, le père qui porte plainte contre le ravisseur et le prétendu patron, aurait à tenir compte des accords intervenus entre ces deux hommes, de même, sans doute, que le propriétaire, qui a subi une soustraction, serait arrêté dans sa plainte par l'entente criminelle intervenue entre l'auteur du vol et le recéleur!

Il n'était offert qu'un mode d'assistance, le *conseil*, que le parquet aurait fait donner au fils d'obéir à son père, le *conseil* — rien de plus — à un enfant de douze ans, laissé sous la domination de l'inculpé dénoncé. C'est à une telle exhortation, dépourvue de toute force, de toute sanction, que devait se restreindre l'appui réclamé par l'autorité paternelle; la loi civile était réduite à cet aveu d'impuissance.

Il a fallu, en présence de l'inaction de la justice, que la charité procurât au père le moyen d'aller retirer lui-même l'enfant, si obstinément retenu loin de lui. Après que François L... a été soustrait à la domination qui le maîtrisait, le ministère public n'a même pas cherché à le faire interroger, à faire constater par un procès-verbal l'affligeant récit du dommage moral qui lui avait été causé, de la grave atteinte que l'autorité même des lois avait subic en la personne de ce fils d'un homme pauvre, dont aucun représentant du pouvoir n'avait accueilli la plainte, calmé la douleur.

V

Après s'être muni des documents nécessaires, le sieur L... demanda, le 9 décembre, le bénéfice de l'assistance judiciaire. Les préliminaires une fois remplis à Paris, le dossier fut transmis, le 21 décembre, au bureau compétent.

Trois semaines après, le sieur L... recevait une convocation, antérieure de huit jours à la date de la réception et l'invitant à se présenter, le jour même où elle lui parvenait, devant le bureau siégeant dans une ville, séparée de Paris par une grande distance. Il adressa immédiatement un télégramme à M. le président de ce bureau, l'informant que la convocation ne lui était parvenue que quelques instants avant l'envoi de sa dépêche; le soir même, en insistant sur le trop légitime fondement de sa demande, il exposait qu'à défaut de ressources, il était dans l'impossibilité absolue d'accomplir le long voyage auquel on le conviait. Ignorait-on que, tout en perdant le salaire de plusieurs jours de travail, il n'avait pu qu'avec l'aide d'un généreux concours se rendre, au mois de novembre, dans la ville où son fils était retenu, pour le ramener sous son toit? Avec quel empressement n'eût-il pas obtempéré à la convocation, si son état d'indigence ne l'en avait empêché! Le digne intermédiaire, qui avait remis en vain sa plainte au parquet, voulut bien fournir tous les renseignements de nature à éclairer les personnes appelées à statuer sur sa demande.

Devant le bureau, le sieur X... s'est posé en sauveur : l'enfant était abandonné, dit-il; à lui le mérite de l'avoir recueilli... — François L..., accompagné à quatre heures, à une gare de chemin de fer, était attendu, trois heures et demie après, à une autre gare; il suivait le trajet même que son père lui avait assigné; était-il abandonné?

Le sieur X... aurait été attiré, a-t-il allégué, par les plaintes que poussait l'enfant... — Celui-ci ne s'est nullement plaint; il était heureux du voyage qu'il accomplissait, c'est le sieur X... qui s'est rapproché de lui pour l'interroger et le détourner ensuite de son chemin.

François L... était affamé; toute nourriture lui faisait défaut. — Allégation non moins inexacte; il avait pris un repas, avant de partir, avait reçu une somme de cinq francs, au cas où elle lui eût été nécessaire pendant un si court trajet, et il portait un panier rempli de provisions de bouche.

Les religieux ne se trouvaient pas à la gare d'arrivée. — Inexactitude absolue. M. V. A. (frère G...) s'est rendu, le 14 octobre, au passage de tous les trains, de six heures à dix heures du soir; chaque fois, pendant plus d'un quart d'heure, il a recherché l'enfant, soit à la sortie, soit autour des omnibus, et ne l'a pas aperçu; il a été, dans l'une de ces circonstances, secondé par un jeune homme, fort au courant des habitudes de la gare, et leur attente commune a été déçue. Le sieur X... avait eu soin de se tenir, avec l'enfant, éloigné du seul passage où François eût pu rencontrer ceux qui l'attendaient, de la porte de sortie; mais il n'avait pas réfléchi que le billet de place resterait entre les mains de l'enfant, comme l'indéniable témoignage de l'effort accompli pour l'empêcher de rencontrer les religieux.

Telle est la véracité du prétendu sauveur; s'il eût agi dans cet esprit n'aurait-il pas avisé immédiatement le sieur L... et mis l'enfant, sans délai, à sa disposition? Lorsqu'un homme trouve un objet, il s'empresse, s'il est honnête, de rechercher le propriétaire pour le lui restituer; s'il se tait, se l'approprie, surtout s'il refuse de le rendre, il révèle le mobile auquel il a obéi. C'est ainsi qu'en refusant de livrer l'enfant au père, en dépit de ses réclamations écrites, plusieurs fois réitérées, et des démarches faites en son nom, le sieur X... a fait lui-même la lumière sur son véritable dessein et dévoilé les sentiments qui l'ont inspiré.

Cet homme a détourné un enfant de la destination à laquelle son père l'envoyait; il l'a empêché de rejoindre les personnes amies qui l'attendaient et l'a entraîné au loin, en lui cachant même l'expression indignée de la douleur des siens; cet homme a refusé de le rendre à un visiteur vénérable, investi de la confiance paternelle; il a mis en pièces la lettre qui servait de titre au visiteur, l'a injurié et a osé porter la main sur lui; il a dicté à l'enfant des lettres navrantes et s'est maintes fois, en présence du fils, répandu en calomnies sur le compte du père; il s'est acharné, pendant six semaines, à détruire par d'affreuses lectures le respect que parents et maîtres avaient inspiré à l'enfant pour la religion; il a aggravé de tout le poids de l'angoisse morale l'agonie de la mère, fait vivre dans une anxiété cruelle le chef de la famille, compromis l'avenir de l'enfant, en lui ravissant le bienfait d'une éducation excellente.

Il ne semble avoir à craindre actuellement aucune poursuite devant la juridiction répressive, et si la charité chrétienne, émue par les circonstances d'une telle affaire, ne vient en aide au père indigent, il peut arriver que le sieur X n'ait même pas à redouter aujourd'hui une action civile en dommages-intérêts. Le bénéfice de l'assistance judiciaire n'a pas encore été accordé; voilà plus de deux mois que la décision est attendue.

Les bureaux n'ont pas à examiner le fond du débat, mais seulement à rechercher s'il y a motif plausible d'autoriser le demandeur à exercer une action. L'exposé du sieur L... est d'une exceptionnelle gravité, appuyé de considérations et de faits dignes, au plus haut degré, d'être soumis aux tribunaux; il ne s'agit de rien moins que de la sauvegarde de droits sacrés et de la réparation de dommages bien autrement préjudiciables que ne peuvent l'être les suites d'un accident matériel. Les défendeurs eux-mêmes, puisqu'ils se disent sans reproche, devraient souhaiter pour leur pleine justification la publicité des débats.

Nous dégageant de toute question de personnes, écartant à dessein jusqu'à l'indication des localités, pour nous maintenir dans le milieu supérieur où vivront à jamais le droit et la vérité, nous souffririons pour la loi de 1851 elle-même que son bienfait ne fût point assuré à une telle cause.

Cette excellente institution existait déjà, quoique sous des formes différentes, dans les États pontificaux, en Sardaigne, en Hollande, en Belgique, lorsqu'elle fut établie en France; les indigents étaient admis, suivant une belle expression, à plaider gratuitement *pro Deo*, lorsque leur demande paraissait se présenter sous les auspices de la vérité, qui se confond avec l'essence divine. « La justice doit être accessible à tous, disait, le 13 novembre 1850, M. de Vatimesnil, dans son rapport à l'Assemblée nationale, au nom de la commission chargée d'examiner le projet de loi sur l'*assistance judiciaire;* ce fut dans cette pensée que la première Assemblée constituante déclara qu'elle serait rendue *gratuitement;* louable principe qui se trouve reproduit dans l'art. 8 de la Constitution de 1848. — Toutefois, ajoutait le rapporteur, la règle que nous venons de rappeler n'a qu'une portée restreinte; elle signifie uniquement que le traitement des magistrats est fourni par l'État et qu'ils ne peuvent recevoir, comme autrefois, de rétributions des justiciables. Toute *gratuite* qu'est la justice, dans l'acception que nous venons d'indiquer, les frais qu'elle entraîne sont néanmoins considérables... Il résulte de là qu'il est souvent impossible aux indigents d'intenter et de soutenir un procès. A moins qu'ils ne trouvent des hommes généreux qui, par humanité ou par cet intérêt qu'excite le bon droit, consentent à venir à leur secours, les portes du tribunal ne s'ouvrent pas pour eux, et les réclamations légitimes qu'ils ont à former ne peuvent se faire jour, à défaut de ressources pécuniaires suffisantes pour les formuler juridiquement. Il est arrivé plus d'une fois que celui contre lequel le pauvre avait une action bien fondée a indignement spéculé sur l'impuissance où ce malheureux se trouvait de l'exercer, et qu'il a fermé l'oreille à toute demande de satisfaction ou d'arrangement amiable, dans la confiance que sa partie adverse ne parviendrait jamais à la traduire devant la justice. L'*égalité des citoyens devant la loi*, si justement proclamée par toutes les constitutions et toutes les chartes, n'est malheureusement qu'un mot vide de sens à l'égard de l'homme qui est hors d'état de remplir les conditions nécessaires pour invoquer le secours des lois et s'adresser régulièrement à leurs organes. Dire à quelqu'un : vous ne pourrez pas présenter votre réclamation, quoiqu'elle soit juste, ou lui dire : vous ne pourrez la présenter qu'en déboursant une somme d'argent que vous n'avez pas, c'est, en réalité, la même chose; il n'y a de différence qu'au point de vue de la théorie; il n'y en a pas sous le rapport de la pratique. Cette situation de l'indigent qui ne peut se faire rendre justice... est affligeante pour la morale publique. »

Quelle demande mérite d'être accueillie par un bureau d'assistance judiciaire, si la requête qui vient d'être exposée ne l'est pas! Le pauvre père de famille, qui a formé en vain tant de plaintes, serait réduit à une complète impuissance! L'accès de la justice lui serait interdit! En prêtant l'oreille à ses doléances, ne se croirait-on pas ramené à plus d'un siècle en arrière, aux temps où des voix éloquentes élevaient contre les abus des protestations qui appartiennent aux annales de l'humanité? En même temps que la loi positive elle-même, l'autorité paternelle, la liberté des consciences auraient été impunément méconnues!

Avec le poète qui jadis..., suivant une saisissante expression, avait « mis sa lyre au diapason du concert éternel », on éprouve le besoin de s'écrier, faisant de ses paroles une application qu'il ne prévoyait pas, en les prononçant :

> Devant les trahisons et les têtes courbées,
> Je croiserai les bras, indigné, mais serein.
> Sombre fidélité pour les choses tombées,
> Sois ma force et ma joie et mon pilier d'airain.

*
* *

Les faits parlent avec plus de force que tous les discours, que toutes les théories. Le douloureux épisode, dont l'enfant d'un cocher a été victime, établit mieux que toutes les démonstrations l'inestimable importance des prérogatives paternelles et de l'appui qui leur est dû, les funestes conséquences de tout attentat qui les méconnaît. Ce sont là des motifs de sollicitude, incapables d'émouvoir, nous le reconnaissons, celui qui s'abandonne à de vulgaires plaisirs ou au médiocre souci de l'intérêt personnel. N'en est-on pas venu, dans nos temps de deuil, à qualifier de rigides ou de naïfs les hommes qui ont soif de justice et qui souffrent, plus que s'ils en étaient eux-mêmes atteints, de la violation du droit au préjudice d'autrui? Mais il est digne d'envie d'être compris dans leurs rangs, de se sentir attiré, avec eux, vers le droit persécuté, plus fortement, s'il est possible, que vers la justice redevenue maîtresse de notre société et à laquelle l'inévitable retour de l'ordre procurera des légions de défenseurs.

La consolante parole *patiens quia æternus*, qui recèle le secret des suprêmes réparations, s'applique, non à l'œuvre de l'homme, mais à une justice, dont la sienne, exercée par les meilleurs, n'est que le lointain reflet. Toutefois, si enserrée qu'elle soit dans les bornes du temps, l'œuvre terrestre du droit possède, eu égard à la brièveté de l'existence humaine, une vigueur suffisante pour atteindre un fait criminel ou seulement préjudiciable, bien après l'accomplissement du mal. L'action publique et l'action civile ne s'éteignent contre le crime qu'au bout de dix ans; l'action en dommages-intérêts, fondée sur une faute autre qu'une infraction prévue par la loi pénale, n'est prescrite qu'à l'expiration de la trentième année. Indépendamment de la sanction éternelle, qui suffit, du reste, au triomphe de la justice, les passagères épreuves des choses publiques sont donc impuissantes à écarter des perspectives de ce monde la possibilité des réparations.

PARIS. — E. DE SOYE ET FILS, IMPRIMEURS, 18, RUE DES FOSSÉS-SAINT-JACQUES.

PARIS. — E. DE SOYE ET FILS, IMPRIMEURS, 18, RUE DES FOSSÉS-SAINT-JACQUES.

www.ingramcontent.com/pod-product-compliance
Ingram Content Group UK Ltd.
Pitfield, Milton Keynes, MK11 3LW, UK
UKHW020142080726
13614UKWH00005B/2357